LOIS ITALIENNES

SUR

LES CONCILIATEURS

ET

LES PRUD'HOMMES

TRADUITES ET ANNOTÉES

par

M. François ARNAUD

NOTAIRE A BARCELONNETTE (BASSES-ALPES)

MEMBRE DE LA SOCIÉTÉ DE LÉGISLATION COMPARÉE

(Extrait de l'*Annuaire de Législation étrangère*
22e et 23e Années)

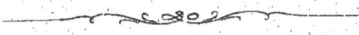

⸺❦⸺

PARIS

IMPRIMERIE DE LA SOCIÉTÉ DE PUBLICATIONS PÉRIODIQUES
13, QUAI VOLTAIRE, 13

1893

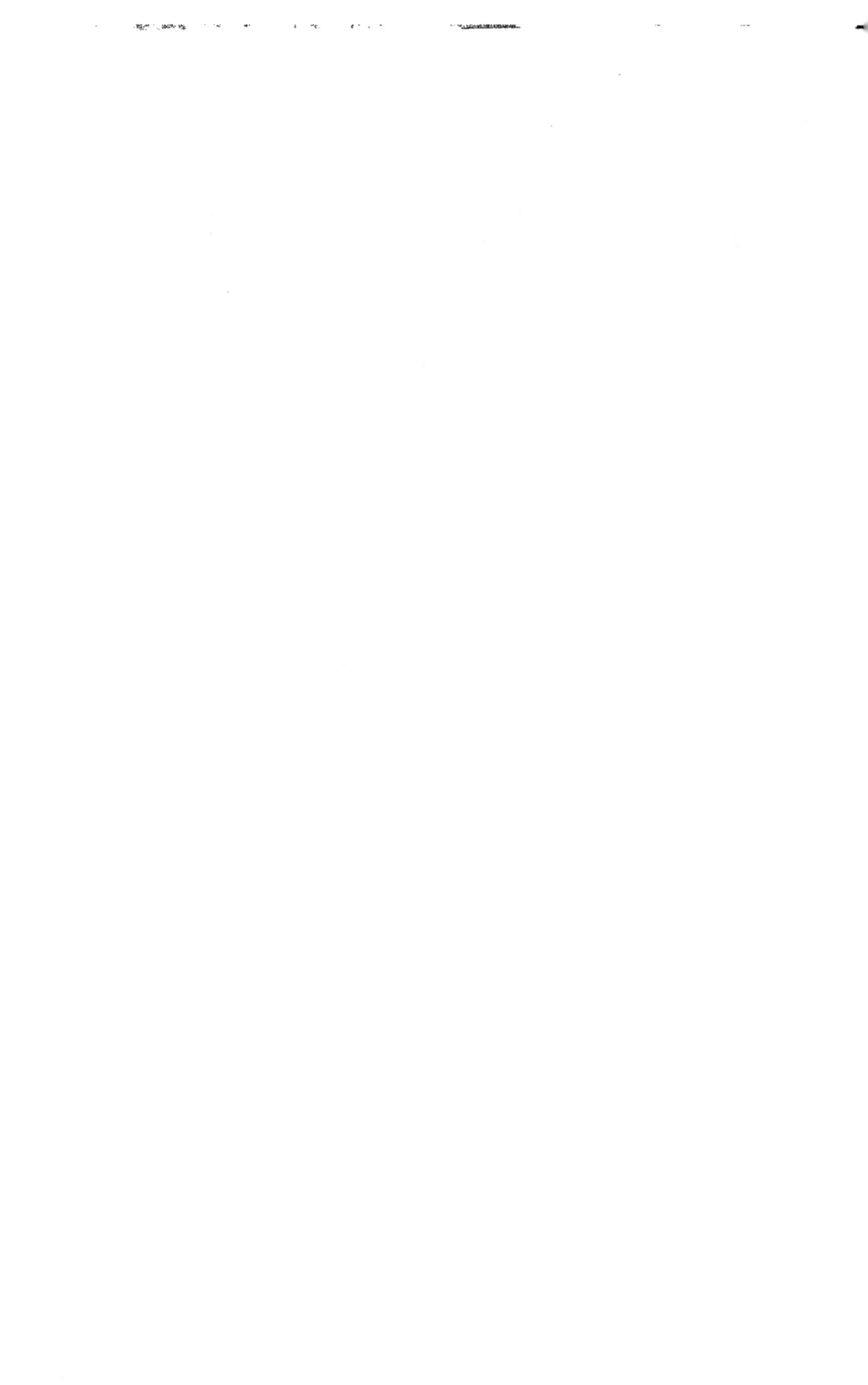

LOI DU 16 JUIN 1892

SUR LA

COMPÉTENCE DES CONCILIATEURS[1]

Notice, traduction et notes, par M. F. ARNAUD, *notaire à Barcelonnette*.

L'institution des conciliateurs est née, en Italie, dans les provinces méridionales. Elle a été organisée à Naples par les lois des 20 mai 1817 et 17 juin 1819. Le royaume d'Italie l'adopta à sa naissance et l'introduisit dans sa nouvelle organisation judiciaire, réglée par la loi du 6 décembre 1865. Cette institution fut accueillie comme un bienfait, dans les campagnes surtout. La compétence des conciliateurs n'arrivait que jusqu'à 50 lires.

Dès 1878, l'augmentation de leur compétence fut demandée et le ministre Valla proposa de la porter à 100 lires. En 1886, cette augmentation fut rendue plus nécessaire par la récente suppression de plus de 300 justices de paix. Elle n'aboutit néanmoins qu'en 1892.

D'après la statistique générale pour l'année 1889, le nombre d'affaires portées devant les conciliateurs s'était élevé à 1.685.741. En portant leur compétence à 100 lires le nombre des affaires soumises aux conciliateurs s'est élevé à 3.371.482; la compétence des juges de paix n'ayant pas été étendue, le nombre des affaires qui leur restent s'est trouvé par trop réduit. La loi dont nous allons donner la traduction a été de ce fait jugée trop hâtive : elle aurait mieux trouvé sa place dans une refonte plus complète de l'organisation judiciaire.

En France, le nombre des affaires dont les juges de paix ont eu à s'occuper en 1890 a été de 2.010.560. Si l'institution vraiment démocratique des conciliateurs était créée, elle devrait coïncider avec l'extension de la compétence des juges de paix, pour ne pas mériter les critiques qu'elle a suggérées en Italie.

D'après les renseignements que nous avons recueillis de personnes autorisées (notaires, maires italiens), le recrutement des conciliateurs est

---

(1) Publiée dans la *Gazzetta Ufficiale* du royaume, le 17 juin 1892, n° 142.

C.

difficile. Dans les villes on trouve facilement des personnes capables de juger avec toute la compétence désirable ; mais dans les campagnes, où l'instruction fait défaut, dans les petites communes rurales, il est bien difficile et souvent impossible de trouver un conciliateur suffisamment éclairé et indépendant. Aussi l'opinion publique réclame-t-elle déjà une restriction de la compétence des conciliateurs à 50 lires.

Dans les pays où l'instruction est plus répandue, cette institution rendrait de grands services, et l'étude de son organisation en Italie ne manque pas d'intérêt. Il suffira de donner le texte de la loi avec quelques notes explicatives, pour la faire connaître.

Art. 1er. — Dans chaque commune il y a un conciliateur.

Dans les communes divisées en plusieurs cantons, il y aura un conciliateur par chaque canton.

Dans les communes divisées en bourgades, sections ou quartiers aux termes des articles 135 et 136 de loi communale et provinciale, des bureaux distincts de conciliation pourront être établis par décret royal.

A chaque bureau de conciliation sera de droit attaché un vice-conciliateur ; il pourra en être attaché plusieurs, si besoin est.

Art. 2. — Les conciliateurs et vice-conciliateurs, en vertu d'une délégation royale, sont nommés, suspendus, dispensés ou révoqués, par décret du président de la cour d'appel du district, sur l'avis du procureur général.

Les conciliateurs et vices-conciliateurs resteront trois ans en exercice et pourront être maintenus.

La suspension, la révocation et la dispense ont lieu dans les cas prévus par les articles 203, 204 et 205 du décret royal du 6 décembre 1865 sur l'organisation judiciaire (1).

Art. 3. — Sont éligibles aux offices de conciliateurs et de vice-conciliateurs, tous les citoyens âgés de vingt-cinq ans, pourvu qu'ils demeurent dans la commune et soient compris dans une des catégories suivantes :

a) Les sénateurs du royaume et les anciens députés au Parlement (2);

b) Les lauréats de l'Université et des instituts supérieurs du

(1) Infirmités, faiblesse d'esprit, condamnation aux peines criminelles, condamnation aux peines correctionnelles pour faux, vol, filouterie, refus de service, négligence habituelle, faits graves, compromettant la réputation ou la dignité du corps auquel appartient l'inculpé, trois condamnations à des peines disciplinaires.

(2) La loi suppose que les sénateurs ont plus de loisir que les députés en fonctions, qui ne sont pas éligibles; elle n'a pas admis les conseillers municipaux comme trop mêlés aux luttes de partis.

royaume, les avocats, les avoués, les notaires, les pharmaciens, les licenciés des lycées et des instituts techniques et ceux qui ont obtenu la patente du grade supérieur pour l'enseignement élémentaire ;

c) Les anciens magistrats, greffiers, commis-greffiers et secrétaires du parquet du ministère public, employés civils, officiers de l'armée ou de la marine royales, professeurs des lycées, des instituts techniques, des gymnases, des écoles techniques, des écoles normales ;

d) Les conseillers généraux et les membres élus de la junte administrative (1) ;

e) Les anciens maires, conseillers généraux, membres de la junte administrative ou secrétaires de mairies ;

f) Les électeurs administratifs qui payent annuellement cent lires d'impôts.

A cet effet, dans le mois d'août de chaque année, le conseil municipal dressera une liste des éligibles, qui sera publié dans le tableau du prétoire et y resta affichée jusqu'au 10 septembre.

Les réclamations, tant pour omissions que pour nouvelles inscriptions sur cette liste, pourront se produire devant le conseil municipal dans le délai de 10 jours, soit jusqu'au 20 septembre.

Les délibérations du conseil municipal seront prises au plus tard le 30 septembre et la liste revisée sera de nouveau affichée dans le tableau du prétoire jusqu'au 10 octobre.

Contre les délibérations du conseil municipal, pour les seules questions d'éligibilité, le recours est admis à la cour d'appel, dans le délai de 10 ou de 15 jours, à partir du 10 octobre, mais seulement pour les cas prévus par l'article 52 de la loi communale et provinciale, en observant d'autre part les règles tracées par les articles 53 à 56 de la même loi (2).

La liste, lorsqu'elle sera devenue exécutoire, et en tout cas au plus tard le 20 novembre, sera adressée au procureur général et au premier président de la cour d'appel.

Cette liste ne pourra être modifiée qu'en vertu de la revision annuelle suivante.

Art. 4 — Quand il résultera de la liste que dans une commune il n'y a pas au moins dix citoyens appartenant à l'une des catégo-

(1) La junte provinciale administrative se compose du préfet, de deux conseillers de préfecture et de quatre membres, avec deux suppléants, nommés par le conseil général. Elle rappelle nos commissions départementales.
(2) Ces articles organisent pour ces causes une procédure sommaire, rapide gratuite.

ries énoncées à l'article 3 ci-dessus, le premier président, sur l'avis du procureur général, pourra faire un choix parmi les conseillers municipaux et parmi les anciens conciliateurs qui auront été confirmés une ou plusieurs fois dans leur fonction.

Ne sont pas éligibles aux fonctions de conciliateurs et de vice-conciliateurs :

1° Les officiers, employés ou agents de la sécurité publique;

2° Les employés chargés du recouvrement des impôts;

3° Les fonctionnaires de l'ordre judiciaire;

4° Les élèves de chancellerie et les huissiers;

5° Tous ceux qui sont déclarés exclus de l'office de juré ou incapables aux termes des articles 5, 6, 7 et 8 de la loi du 8 juin 1874, n° 1937, avec les modifications aux deux premiers articles introduites par l'article 32 du décret royal du 10 décembre 1889, n° 6509 (1).

Art. 6. — Sont déclarés déchus de leur office les conciliateurs et vice-conciliateurs, lorsque, pendant l'exercice de leurs fonctions, se trouve constaté un des empêchements énoncés dans l'article précédent.

Art. 7. — L'avocat et l'avoué en exercice, revêtus de la qualité de conciliateur ou de vice-conciliateur, ne pourront assister les parties ni les représenter devant l'office de conciliateur dont ils sont titulaires.

Art. 8. — Quand pour une raison quelconque, manqueront ou seront empêchés le conciliateur et le vice-conciliateur d'un des bureaux de conciliation existant dans une commune, le conciliateur ou le vice-conciliateur d'un autre bureau de la même commune pourra être chargé temporairement de remplir les fonctions du bureau en vacance, par décret du premier président, sur l'avis du procureur général.

Si l'absence ou l'empêchement arrive dans une commune ayant un seul bureau de conciliation, le conciliateur ou le vice-conciliateur de la commune la plus voisine, pourra être désigné de la même façon pour la suppléance ; dans ce cas, il aura droit à une indemnité qui sera déterminée par le règlement à intervenir et qui sera supportée par la commune ou il se rendra (2).

(1) Les professeurs en exercice ou honoraires des facultés et des autres instituts publics d'instruction supérieure, d'instruction secondaire, classique et technique, des écoles normales et magistrales, de l'Académie des beaux-arts, des écoles d'application pour les ingénieurs, des écoles, académies et instituts militaires ou maritimes, les professeurs privés autorisés de ces diverses institutions.

(2) 4 lires par jour et 0,25 par kilomètre parcouru.

Art. 9. — Dans toute contestation le conciliateur devra avant tout tenter la conciliation des parties, et en faire mention dans son procès-verbal d'audience.

Dans les causes inférieures à cinquante lires, en l'absence de procès-verbal, il devra en faire mention dans la sentence.

Art. 10. — Sont de la compétence des conciliateurs :

1° Toutes les actions personnelles, civiles et commerciales relatives aux biens mobiliers, dont la valeur n'excédera pas cent lires ;

2° Les actions relatives aux baux de biens immeubles, jusqu'à cent lires, et les actions en expulsion, si le loyer ou le fermage pour la durée restant à courir de la location n'excède pas cette somme ;

3° Les actions pour dégâts et dommages causés aux fonds urbains ou ruraux, aux haies et clôtures, aux plantes et fruits, pourvu qu'elles n'impliquent pas de questions de propriété ou de possession et que la demande en réparations n'excède pas cent lires.

Art. 11. — Pour fixer la compétence, on observera, en tant qu'elles sont applicables, les règles établies par les articles 72, 73, 74 et 80 du code de procédure civile (1).

Quand la valeur de la cause n'est point déterminée dans la demande, le poursuivant a toujours le droit de déclarer, afin de conserver la compétence du conciliateur, qu'en tout cas sa demande se trouvera circonscrite dans la limite de cent lires.

Art. 12. — Quand l'objet de la conciliation n'excède pas la valeur de cent lires, les procès-verbaux de conciliation sont exécutoires contre les parties.

Si l'objet de la conciliation excède la valeur de cent lires, ou si sa valeur est indéterminée, l'acte de conciliation a seulement la force d'une écriture privée reconnue en justice.

Art. 13. — Pour l'exécution des sentences des conciliateurs et des procès-verbaux de conciliation, énoncées dans le 1er paragraphe de l'article précédent, seront observées les règles établies par la loi pour procéder aux exécutions mobilières, et les attributions du greffier et de l'huissier judiciaire seront exercées respectivement par le greffier attaché au bureau de conciliation, aux termes de l'article 32 (2) de la loi sur l'organisation judiciaire et par l'huissier qui sera attaché au même bureau, moyennant l'au-

(1) Les mêmes règles que celles établies par notre code de procédure français.

(2) Le secrétaire de la mairie ou son remplaçant, ou en leur absence le premier venu.

torisation préalable, dans chaque cas, du procureur du roi, au sens et suivant les dispositions des articles 173 et 186 de la même loi (1).

Les contestations sur l'exécution desdites sentences, seront tranchées par le conciliateur dans la juridiction duquel se fait l'exécution, dans les limites de sa propre compétence, et les fonctions du préteur, en ce qui concerne les formalités des exécutions mobilières, seront également remplies par ledit conciliateur.

Il n'est innové en rien à l'article 655 du code de procédure civile (2).

Art. 14. — Dans les communes qui ne sont pas siège de préture, les attributions assignées au préteur par les articles 78 et 80 du code civil (3), pourront être exercées par le conciliateur, par délégation du préteur.

Le préteur pourra encore, dans les susdites communes, déléguer au conciliateur la convocation des conseils de famille et de tutelle dans les cas prévus par le même code.

Art. 15. — Sont exclues de la compétence des conciliateurs les contestations assignées par la loi au jury dans les lieux où seront institués des collèges de prud'hommes (*probi viri*).

Sont de même exclues les contestations sur les impôts directs ou indirects, sur les taxes, tant de l'Etat que des communes et provinces et des chambres de commerce.

Art. 16. — Les sentences des conciliateurs, rendues dans les affaires contradictoires et les sentences par défaut non opposables sur demande et dont la valeur n'excédera pas cinquante lires, sont exécutoires deux jours après leur notification, sauf les dispositions de l'article 459 du code de procédure civile (4).

Art. 17. — Dans le délai de dix jours à compter de leur notification, il peut être fait appel devant le préteur du canton, des sentences des conciliateurs, relatives à des contestations qui excèdent cinquante lires.

L'appel sera interjeté dans les formes indiquées dans les alinéas 1 à 4 dudit article 459 (5).

(1) Le garde champêtre ou valet de ville.
(2) Énumérant les sentences non sujettes à appel.
(3) Pour dresser les actes de notoriété nécessaires pour obtenir la dispense des publications devant précéder le mariage, ou pour suppléer à l'absence de l'acte de naissance d'un des futurs conjoints.
(4) Incident soulevé sur l'incompétence du conciliateur soit pour l'objet du litige, soit pour sa valeur.
(5) La déclaration de demande sur l'incompétence est faite au greffier du conciliateur dans les trois jours de la notification de la sentence. Le greffier

Si le conciliateur a ordonné l'exécution provisoire de ladite sentence, le préteur peut, sur simple requête de la partie appelante, ordonner par décret la suspension de l'exécution.

Art. 18. — Dans les causes supérieures à cinquante lires, il sera toujours rédigé un procès-verbal de l'instruction.

Les originaux et copies des sentences, les procès-verbaux d'audience, les décrets et tous actes de quelque nature que ce soit seront écrits sur timbre d'une lire.

Reste cependant maintenue la citation par simple lettre d'huissier, conformément à l'article 133 du code de procédure civile.

Dans les causes de valeur inférieure à cinquante lires, il n'est rien innové à l'article 455 dudit code (1).

Art. 19. — L'admission à l'assistance judiciaire (*gratuito patrocinio*) pour les causes de la compétence des conciliateurs, d'une valeur supérieure à cinquante lires, sera prononcée par la commission établie près le tribunal dans le ressort duquel devra se rendre le jugement, et suivant les conditions et les formes prescrites par la loi du 6 décembre 1865, n° 2627.

Art. 20. — Sont abrogées toutes les dispositions contraires à la présente loi.

Art. 21. — Le gouvernement du roi est autorisé à régler, par décret royal, toutes les prescriptions nécessaires à l'exécution et à la coordination de la présente loi.

Art. 22. — La présente loi entrera en vigueur le 1er janvier 1893 (2).

écrit la déclaration et en donne copie, à notifier dans les trois jours suivants à l'autre partie, à peine de nullité. Le greffier transmet copie de la déclaration d'appel et de la sentence au juge de paix.

(1) Il n'est dressé aucun acte ou procès-verbal de l'instruction.

(2) Le décret royal du 26 décembre 1892, approuvant le règlement pour l'exécution de cette loi n'offre rien de particulièrement intéressant.

Dans la tentative de conciliation il donne le droit au conciliateur d'appeler les parties séparément ou conjointement en audience privée. Si la tentative échoue, il pourra renvoyer la discussion à la prochaine audience et y proposer encore ses bons offices. Si les parties ne se concilient pas, il procédera de suite au traitement de la cause.

Au-dessous de 50 lires, le timbre employé est de dix centimes; au-dessus, le timbre est d'une lire.

LOI DU 15 JUIN 1894

SUR LES PRUD'HOMMES [1]

Traduction par M. François ARNAUD, *notaire à Barcelonnette*.

Art. 1er. — Dans les lieux, où existent des fabriques ou des entreprises industrielles, on pourra instituer, à l'égard d'une espèce déterminée d'industrie ou de groupes d'industries similaires, des collèges de prud'hommes pour la conciliation des contestations, qui, pour l'exercice de ces mêmes industries, pourront naître entre entrepreneurs et les ouvriers ou apprentis, ou encore entre ouvriers par suite des rapports entre ouvrier et apprenti.

Il appartient d'autre part à ces collèges de trancher, par voie judiciaire et dans les limites établies par l'article 9 de la présente loi, les contestations déterminées par la première partie du présent article.

Art. 2. — Chaque collège est institué par décret royal, sur la proposition des ministres de la justice et des grâces et de l'agriculture, industrie et commerce, sur l'avis des chambres de commerce, des sociétés ouvrières légalement reconnues et des conseils municipaux des communes comprises dans la circonscription de ce collège.

L'avis de ces divers corps devra être donné dans le mois de la publication de l'invitation qui leur en sera faite par les soins du ministre de l'agriculture et du commerce, dans le *Bulletin* de la préfecture correspondante.

Le décret déterminera l'industrie ou les industries pour lesquelles s'institue le collège, son siège, sa circonscription et le nombre de ses membres.

Art. 3. — Le collège se compose d'un président et de dix mem-

(1) Publiée dans la *Gazzetta Ufficiale* du royaume le 22 juin 1893, n° 146.

bres au moins et de vingt au plus. Lorsque la liste comprendra plus de cinq cents électeurs inscrits, il pourra être nommé un président suppléant.

Le président, et s'il y a lieu le président suppléant, sont nommés par décret royal sur la proposition du ministre de l'agriculture, de l'industrie et du commerce. Ils peuvent être choisis parmi les fonctionnaires de l'ordre judiciaire et parmi ceux qui, conformément à la loi, peuvent être nommés conciliateurs, pourvu qu'ils soient compris dans les listes prévues par l'article 14.

Les membres du collège sont choisis dans des assemblées séparées, moitié par les patrons et moitié par les ouvriers, parmi les éligibles appartenant à chacune de ces classes respectives.

Art. 4. — Dans chaque collège se constituera un bureau de conciliation et un jury.

Le bureau de conciliation se compose d'au moins deux membres, l'un patron et l'autre ouvrier, présidé par le président du collège, ou à tour de rôle par un des vice-présidents choisis l'un par les patrons et l'autre par les ouvriers, d'après le mode fixé par l'article 23.

Le jury se compose du président, ou à son défaut ou en cas d'empêchement, du président suppléant, s'il en existe, et de quatre membres, deux patrons et deux ouvriers.

Les fonctions de greffier seront remplies par le secrétaire de la mairie, ou par un autre employé du bureau municipal du lieu où se trouvera le siège du collège.

Art. 5. — Pour les contestations plus graves, le président ou le vice-président ont la faculté d'appeler dans le bureau de conciliation deux autres membres du collège au plus, en maintenant cependant toujours l'égalité entre le nombre des patrons et celui des ouvriers.

Art. 6. — En cas d'empêchement de quelques membres ordinaires du bureau de conciliation ou du jury, sont appelés à fonctionner d'autres membres du collège dans l'ordre des voix obtenues à l'élection, et en cas d'égalité, le plus âgé.

DE LA COMPÉTENCE.

Art. 7. — La compétence du collège par rapport au lieu est déterminée par la situation de la fabrique, de l'établissement ou de l'entreprise industrielle, et, pour les ouvriers qui travaillent à domicile, par le lieu où le contrat de travail a été conclu.

Art. 8. — Le bureau de conciliation peut être accepté par composition amiable dans les contestations qui concernent :

a) Les salaires convenus ou à convenir ;

b) Le prix du travail exécuté ou en cours d'exécution et le salaire pour les journées de travail accomplies ;

c) Les heures de travail convenues ou à convenir ;

d) L'observance des contrats spéciaux de travail ;

e) Les imperfections dans le travail ;

f) Les indemnités pour changements dans la qualité de la matière première, ou dans les modes de travail ;

g) Les dégâts occasionnés par l'ouvrier aux objets de la fabrique et les blessures à lui occasionnées par la faute du patron ;

h) Les indemnités pour fermeture de la fabrique, ou pour licenciement avant que le travail soit achevé, ou avant l'arrivée du terme convenu ;

i) La résiliation du contrat de travail ou d'apprentissage et en général toutes les contestations survenues dans les conventions relatives au contrat de travail ou d'apprentissage, entre patrons et chefs d'ouvriers ou de travailleurs, entre chefs d'ouvriers et ouvriers ou apprentis, ou qui dépendent de transgressions disciplinaires.

Art. 9. — Le jury est compétent à décider les contestations d'une valeur n'excédant pas deux cents *lires*, et concernant :

a) Les salaires convenus ;

b) Les heures de travail convenues et tous les objets déterminés dans les lettres *b, d, e, f, g, h, i* de l'article précédent.

La compétence pour la valeur résulte de la somme réclamée dans la demande, accessoires compris, encore qu'elle soit composée de plusieurs sommes pour articles divers. Quand il s'agit de la prestation d'un fait, la valeur résulte du total de l'indemnité, qui doit être indiqué dans la demande.

Art. 10. — Aucune des contestations énoncées dans l'article 8 ne peut être portée devant le jury, ou, si elle excède sa compétence, devant les magistrats ordinaires, sans avoir été précédée de tentative de conciliation devant le bureau de conciliation.

La non-conciliation sera établie à la requête de la partie intéressée, par un procès-verbal exprimant l'avis du bureau, par analogie à ce qui est prescrit par l'article 402 du code de procédure civile.

L'ouvrier qui aura, de son côté, adhéré à la proposition de conciliation, est admis de droit à la procédure gratuite pour faire valoir par voie judiciaire les demandes sur lesquelles aura été donné un avis favorable.

Art. 11. — Les décisions du jury prises en vertu de l'article 9 ne sont sujettes à l'appel que pour motif d'incompétence ou d'excès de pouvoir ; dans ces cas, la connaissance de l'appel revient selon la valeur du litige, au juge de paix ou au tribunal, respectivement compétents d'après le lieu, suivant les cas.

L'appel doit être fait dans les dix jours de la notification de la sentence du jury, s'il va au juge de paix, et dans les quinze jours, s'il va au tribunal.

Le recours en cassation est exempt du dépôt et doit être interjeté, avec ou sans concours d'avocat, dans les trente jours de la notification, s'il est porté contre la sentence du juge de paix, et dans les quarante jours, s'il est porté contre la sentence du tribunal.

Art. 12. — Pour les contestations, qui aux termes de l'article 9 excèdent la compétence du jury, celui-ci pourra, par le consentement des parties, être institué en qualité de collège arbitral.

Art. 13. — Chaque collège est obligé de donner son propre avis sur les questions que le gouvernement pourra soumettre à son examen.

DE L'ÉLECTION DES PRUD'HOMMES.

Art. 14. — Pour l'élection des prud'hommes, deux listes d'électeurs sont dressées. Dans l'une sont inscrits les patrons; dans l'autre les chefs ouvriers et les ouvriers des industries pour lesquelles le collège est formé.

Sont inscrits dans la liste des patrons même les directeurs et administrateurs des fabriques ou entreprises industrielles qui occupent au moins cinquante ouvriers.

Les listes électorales sont revisées par la junte communale. Si plusieurs communes sont comprises dans la circonscription du collège, chaque junte rédige la liste qui la regarde.

La revision des listes se fait chaque année au mois de mars, suivant les règles établies par le règlement.

Art. 15. — Dans les listes, tant de patrons que d'ouvriers, sont comprises les femmes.

Pour les mineurs propriétaires d'industries, qui ne se trouvent point dans les conditions prévues par l'article 9 du code de commerce, sont inscrits comme électeurs en leur place ceux qui les représentent dans l'exercice de ces industries ; pour les sociétés anonymes, sont inscrits leurs administrateurs ; pour les sociétés en nom collectif et pour celles en commandite, les associés responsables ; pour les personnes morales, relativement aux établissements industriels tenus pour leur compte, leurs administrateurs et les directeurs de ces mêmes établissements, quelque soit le nombre des ouvriers qu'ils emploient.

Les ouvriers ne peuvent être inscrits sur les listes électorales, s'ils n'exercent point leur métier depuis un an au moins et ne résident point depuis six mois dans la circonscription du collège.

Art. 16. — Les personnes désignées dans les articles précédents sont électeurs lorsque :

a) Ils ont vingt et un ans accomplis ;

b) Ils sont citoyens de l'Etat et jouissent de leurs droits civils dans le royaume.

Sont assimilés aux citoyens de l'Etat, pour l'exercice du droit énoncé dans le présent article, les citoyens des autres provinces italiennes, même non naturalisés.

Art. 17. — Ne sont ni électeurs, ni éligibles :

a) Les interdits et les incapables ;

b) Les condamnés pour oisiveté, vagabondage, mendicité, délit d'association de malfaiteurs, excitation à la haine entre les diverses classes sociales, délit contre la liberté politique, violation de secrets professionnels ou industriels, simulation de crime, calomnie, faux témoignage en justice, délit contre la bonne foi publique, délit contre les mœurs et l'ordre des familles, pour tout délit commis par avidité de lucre, jusqu'à ce qu'ils aient obtenu la réhabilitation ;

c) Les individus frappés d'admonition (1) conformément à la loi et les personnes soumises à la surveillance spéciale. Cette incapacité cesse avec les effets de l'admonition et de la surveillance ;

d) Ceux qui sont recueillis dans les hospices de charité et ceux qui sont habituellement à la charge des institutions de bienfaisance ou des congrégations charitables ;

e) Les faillis, tant que dure l'état de faillite.

Art. 18. — Sont éligibles tous les électeurs inscrits, âgés de vingt-cinq ans révolus, sachant lire et écrire, exerçant depuis un an au moins l'industrie ou le métier qu'ils professent au moment de l'élection, résidant depuis un an dans la circonscription du collège et qui ne se trouvent pas dans aucun des cas prévus dans les articles 5 à 7 et 8, nᵒˢ 2, 3 et 4, de la loi du 8 juin 1872, nᵒ 1937, modifiée par l'article 32 du décret royal du 1ᵉʳ décembre 1889, nᵒ 6509.

Art. 19. — Sont encore éligibles, dans la proportion d'un quart

_____

(1) L'admonition, ou avertissement par le juge de paix d'avoir à se mieux conduire, est le premier degré pénal en Italie.

des membres de leur classe respéctive, ceux qui ont abandonné leur industrie ou leur métier, pourvu qu'ils réunissent les autres conditions de capacité indiquées dans l'article précédent.

Art. 20. — Les comices électoraux ne peuvent s'occuper que des élections pour lesquelles ils ont été convoqués.

Art. 21. — Tout patron ou ouvrier soumis à la juridiction du collège peut attaquer devant le tribunal civil la formation des listes d'électeurs, les opérations électorales, la capacité électorale et l'éligibilité.

Doivent être observées, en tant qu'elles sont applicables, les règles des articles 52 à 56 de la loi communale et provinciale.

DE LA CONSTITUTION DU COLLÈGE.

Le président, ou, lorsqu'il existe, le président suppléant, avant d'entrer en fonction, prêtent serment devant le juge de paix du siège du collège, suivant la formule établie pour les fonctionnaires de l'ordre judiciaire.

Art. 23. — Le président et, en son absence ou empêchement, le président suppléant, dans les huit jours de la notification de l'élection, convoque les élus et, après avoir reçu de chacun d'eux la solennelle promesse *d'exercer leurs fonctions respectives selon leur propre conviction intime et la fermeté qui conviennent à un homme probe et libre,* déclare le collège constitué.

Ensuite, les patrons choisissent au scrutin secret parmi les élus de la classe ouvrière un vice-président. Les ouvriers font de même vis-à-vis des patrons.

Les patrons choisissent alors au scrutin secret parmi les élus de leur classe, la moitié des membres composant le buréau de conciliation et deux membres pour composer le jury. Les ouvriers font de même en choisissant parmi les élus de leur classe.

La constitution des bureaux se fera au moins tous les six mois.

Art. 24. — Si plus de la moitié des électeurs de chaque classe n'a pas pris part au vote, ou si dans l'élection de graves irrégularités ont eu lieu, le tribunal civil pourra annuler l'élection, si la demande en a été faite par au moins deux membres du collège, dans la huitaine.

On observera les règles dont il est question à l'alinéa de l'article 21.

Art. 25. — Ne pourront faire partie en même temps du collège, les ascendants, les descendants, les frères, les beaux-frères, beau-père, gendre, ni appartenir ensemble au même bureau plusieurs administrateurs d'une même société.

Art. 26. — Aux membres des collèges de prud'hommes soumis à des poursuites pénales pour crimes punissables d'emprisonnement ou de peine plus grave, est applicable la disposition du troisième alinéa de l'article 125 de la loi communale et provinciale (1).

Art. 27. — Les élus restent en fonction quatre ans. Néanmoins le collège se renouvelle tous les deux ans par moitié, tant pour la partie des patrons que pour celle des ouvriers.

Dans la première période de deux ans, la moitié à renouveler est désignée par le sort; dans les périodes suivantes, par l'ancienneté.

Art. 28. — Autant dans le cas prévu par le premier alinéa de l'article 31, que dans celui de l'article précédent, les membres sortants peuvent être toujours réélus.

Les membres sortants restent en fonction jusqu'à l'installation de leurs successeurs.

Art. 29. — Si le jour de l'audience, par défaut du nombre légal, le bureau de conciliation ne pouvait siéger, l'examen des litiges sera renvoyé à la prochaine audience.

Si le nombre légal n'est pas atteint dans l'audience suivante, le président, ou le vice-président fait rédiger un procès-verbal avec l'indication des membres absents et le transmet au procureur du roi.

Les membres absents, s'ils ne justifient leur absence, sont déclarés démissionnaires par le tribunal civil, en chambre du conseil, et peuvent en outre être condamnés à une amende de 10 à 50 lires.

Après la seconde audience, dans laquelle le jury n'aura pas atteint le nombre légal, les parties peuvent, pour leurs litiges, exercer l'action contentieuse, sans la tentative de conciliation prescrite par l'article 10, et porter la cause devant les magistrats ordinaires, suivant leur compétence respective, suivant les modes et pour les effets dont il est question au second alinéa de l'article 31.

Art. 30. — Sauf l'application des lois pénales pour les faits constituant un crime, les président, vice-président ou membre du collège qui violent les devoirs inhérents à leur fonction, ouï l'avis du collège lui-même, sont soumis à la poursuite disciplinaire

---

(1) Ils sont suspendus *ipso facto* du moment de la citation en justice, jusqu'au prononcé du jugement. En cas de condamnation ils sont destitués de droit.

devant le tribunal civil, en chambre du conseil, l'inculpé entendu.

Le tribunal peut infliger au coupable la censure, la suspension pour un temps ne pouvant excéder six mois, et, dans les cas plus graves, prononcer la destitution, et, comme conséquence, l'inéligibilité pour un an au moins et trois ans au plus.

Art. 31. — Les collèges de prud'hommes peuvent être dissous, pour raisons graves, par décret royal, sur la proposition du ministre de l'agriculture, de l'industrie et du commerce.

Dans ce cas, les nouvelles élections générales devront se faire dans le délai de six mois au plus de la date du décret.

Durant ce temps, les contestations prévues par la présente loi peuvent être introduites, sans la tentative de conciliation prescrite par l'article 10, et les causes de la compétence du jury sont dévolues aux magistrats ordinaires, selon leur compétence respective, encore qu'entre temps le collège ait été reconstitué, pour être examinées et jugées dans les formes prescrites pour les causes à porter devant les conciliateurs par les lois de procédure civile, les dispositions de l'article 43 sur les frais de timbre et d'enregistrement étant appliquées.

Les collèges eux-mêmes peuvent être supprimés par décret royal, sur la proposition des ministres de grâce et de justice et de l'agriculture, industrie et commerce, après avoir pris l'avis des corps énoncés par l'article 2.

DE LA PROCÉDURE.

Art. 32. — Les parties doivent comparaître en personne. Néanmoins, en cas de maladie prouvée ou d'absence, reconnue justifiée par le bureau, elles peuvent se faire représenter par un membre de leur famille, ou, à défaut, par un patron ou par un ouvrier appartenant à leur classe respective et qui prouve, d'une façon quelconque reconnue suffisante par le bureau, le pouvoir qu'il a reçu.

Lorsque l'intéressé ne peut par incapacité comparaître en personne, il sera représenté par son ascendant exerçant la puissance paternelle, par son tuteur ou son curateur.

Les propriétaires de fabrique et les entrepreneurs peuvent toujours se faire représenter par les directeurs des établissements ou entreprises, ou par leurs employés munis de pouvoir spécial.

Les mémoires en défense ne sont point permis.

Art. 33. — La demande en conciliation peut être faite même verbalement auprès du bureau de conciliation.

Les avis aux parties, avec indication de l'objet de la demande et du jour fixé pour la comparution, sont, par les soins du greffier, notifiés par le garde champêtre ou par la poste, suivant les règles qui seront établies par le règlement.

Quand la conciliation ne réussit pas et que le litige rentre dans la compétence du jury, le bureau de conciliation renvoie les parties devant le jury à l'audience fixée par lui.

Lorsque l'une des parties ou son représentant n'a pas comparu pour la tentative de conciliation, l'avis de la fixation de l'audience est notifié par un des modes indiqués dans le premier alinéa du présent article.

Art. 34. — Le mineur de quinze ans révolus est considéré comme majeur pour toutes les contestations relatives au louage d'ouvrage par lui contracté et visées par la présente loi.

Le bureau de conciliation et le jury, s'ils le jugent convenable, peuvent ordonner que le mineur soit assisté de la personne qui le représente légalement, ou, à son défaut, d'une personne exerçant le même métier.

Art. 35. — Les membres de l'office de conciliation et du jury peuvent être récusés par les parties :

a) S'ils sont personnellement et directement intéressés dans le litige ;

b) S'ils sont parents ou alliés d'une des parties au quatrième degré inclusivement ;

c) Si entre l'un d'eux ou sa femme, ou un de ses parents ou alliés en ligne directe et l'une des parties existe, ou a existé dans les deux années précédentes, un litige civil ou un procès pénal ;

d) S'ils sont patrons ou ouvriers de l'une des parties, ou employé du patron de l'une des parties.

Art. 36. — Si le membre récusé ne consent pas à s'abstenir, le bureau de conciliation, ou le jury, selon le cas, avec le concours d'un suppléant, délibère sur la récusation. Le jugement sur la récusation du président appartient au tribunal civil, les parties entendues, en chambre du conseil.

Art. 37. — Les audiences du jury sont publiques.

Les séances du bureau de conciliation ne sont pas publiques.

Art. 38. — Dans les contestations portées devant le jury, le président, à l'audience fixée, après avoir ouï les dires des parties et donné acte de la non-réussite de la conciliation devant le bureau compétent, tente à nouveau la conciliation et fait rédiger le procès verbal, en cas de réussite.

Si le compromis n'a pas lieu, le jury, après avoir examiné les

documents présentés par les adversaires et tenant compte des coutumes locales, peut, s'il le juge nécessaire, ordonner la production des livrets de travail, des livres des patrons, des registres et autres documents, entendre les témoins proposés par les parties, ou en appeler d'office, interroger les personnes expertes dans la matière controversée, et, s'il y a lieu, procéder à quelque enquête sur lieux, déléguer le président à s'y transporter seul ou accompagné de deux de ses assesseurs, l'un patron, l'autre ouvrier, afin de vérifier par un procès-verbal l'état des choses contestées.

Art. 39. — Dans le cas où les témoins appelés devant le jury, soit d'office soit à la requête des parties, ne se présenteraient pas ou refuseraient de jurer et de déposer, sans motifs justifiés, ils seront condamnés à une peine pécuniaire qui peut atteindre cinq lires ; et la sentence qui la prononce sera transmise au juge de paix pour l'exécution.

Le serment sera déféré aux témoins aux termes des articles 226 et 259 du code de procédure civile, modifié par la loi du 30 juin 1876.

Sont applicables les dispositions des articles 214 à 220 du code pénal.

Art. 40. — Le perdant sera condamné aux frais du procès, qui pourront être compensés aux termes de l'article 370 du code de procédure civile.

Art. 41. — Les procès-verbaux de réussite de conciliation et ceux indiqués dans la première partie de l'article 38 sont des titres exécutoires ; mais si l'objet de la conciliation dépasse 200 lires, l'acte de conciliation a seulement la force d'écriture privée reconnue en justice.

Les décisions du jury revêtent le caractère de sentences définitives et sont rédigées et seront exécutées dans la forme et suivant les modes prescrits par l'article 460 et suivants du code de procédure civile pour celles des juges conciliateurs, sauf l'appel dont parle l'article 11 ; dans ce cas le juge de paix pourra en suspendre l'exécution.

Art. 42. — La commune, où sera le siège du collège des prud'hommes, devra fournir gratuitement, pour les réunions dudit collège, le local dans un édifice communal.

Les dépenses pour l'installation et le fonctionnement dudit collège sont à la charge de la chambre de commerce du district auquel s'étend la juridiction du collège.

Art. 43. — Pour les sentences du jury sont dus les droits suivants :

Quand la valeur de la contestation n'excède pas 50 lires, une demi-lire; de 50 à 100 lires inclusivement, une lire; et de 100 lires à 200, deux lires.

Si la contestation se tranche par la conciliation ou est jugée par défaut, ou si l'instance est retirée, les droits susénoncés sont réduits de moitié.

Ces droits et les amendes édictées par les articles 29 et 39, sont dévolus à la chambre de commerce qui supporte les dépenses énoncées par l'article 42.

Pour les actes de conciliation et pour ceux d'instruction de la cause et d'exécution de la sentence, il est dû les droits établis pour les causes devant les conciliateurs par le titre premier du tarif judiciaire en matière civile, approuvé par le décret royal du 23 décembre 1865, n° 2700.

Art. 44. — Tous les actes de procédure devant le collège des prud'hommes, tant en voie de conciliation qu'en voie contentieuse et toutes les mesures de quelque nature émanées du collège, ainsi que les expéditions à remettre aux parties sont exempts de droits de timbre et d'enregistrement.

Les actes écrits et documents qui seront produits par les parties au collège des prud'hommes, compris le mandat spécial prévu par l'article 32, sont aussi exempts de timbre et d'enregistrement, à moins qu'ils ne soient sujets, selon leur nature, à l'enregistrement dans un délai fixe.

La disposition de l'article 63 de la loi sur l'enregistrement du 13 septembre 1874, n° 2076, n'est point applicable aux conventions verbales énoncées dans les sentences du jury.

Cependant on ne peut faire usage du procès-verbal de consignation qui établit l'existence d'une convention pour une valeur supérieure à 200 lires, ou pour une valeur indéterminée, qui ne sont point éteintes par le procès-verbal lui-même, sans qu'il ne soit enregistré selon la nature de la convention, aux termes de la loi sur l'enregistrement, et les expéditions à délivrer dans ce but sont sujettes aux droits de timbre d'une lire, et aux décimes.

Art. 45. — Les dispositions de la présente loi ne sont point applicables aux directeurs, administrateurs, employés et ouvriers des établissements et chantiers de l'Etat.

Art. 46. — Le gouvernement élaborera le règlement et toutes les autres dispositions nécessaires pour l'exécution de la présente loi, le conseil d'Etat entendu.

PARIS. — IMP. P. MOUILLOT 13, QUAI VOLTAIRE. — 67877